SO-AAZ-937

Good Night My Little Chicks

in Spanish and English
en español e inglés

Buenas noches mis pollitos

adapted and illustrated by • adaptado e ilustrado por

Karen Sharp Foster

FIRST STORY

First Story Press

For Stephanie, Becca, Jared, Mindy, Rachel, and Danny.
—K.S.F.

Spanish Editor: Maritza Dávila McKee

First Edition

First Story Press
Corinth, Miss.   St.Louis, Mo.
1-888-754-0208

Cataloging-in-Publication

Foster, Karen Sharp.
    Good night my little chicks = Buenas noches mis pollitos/
adapted and illustrated by, adaptado e ilustrado por Karen Sharp Foster.
    p. cm.
    SUMMARY: Carlos eats a snack, plays in the bathwater, and sits
on Mama's lap as she sings the Latin American folk song Los pollitos.
    English and Spanish.
    Preassigned LCCN: 97-60091
    ISBN: 1-890326-12-7
    1. Folk songs, Spanish-Latin American-Juvenile fiction
    I. Title.
    II.Title: Buenas noches mis pollitos

PZ7.F6784Go 1997   [E]
                           QBI97-40320

Printed in Hong Kong

The sun winked good night as it ducked its orange face behind the hills. "Come in, Carlos," called Mama. "It's bedtime."

El sol cerró los ojos mientras escondía su faz anaranjada detrás de los cerros. "Ven, Carlitos", dijo su mamá. "Es hora de dormir".

Carlos slowly walked inside.
"But it's not dark yet," he said.
"Remember the chickens
we saw on the farm?" asked Mama.
"Well, it's bedtime for the little chicks too."
"What if they are hungry?" asked Carlos.
"Then mother hen gives them a snack,"
said Mama as she handed him a cookie.

Carlos entró despacio y dijo:
"Pero todavía no ha obscurecido".
"¿Recuerdas los pollitos que vimos
en la granja?" preguntó la mamá.
"Bueno, es hora de que los pollitos
se vayan a dormir también".
"¿Qué pasa cuando tienen hambre?"
preguntó Carlos.
"Pues, la gallina les da de comer",
y la mamá le dió a Carlos una galleta.

"Do they eat it
like this?"
Carlos pecked
at his cookie
until it was gone.
"Yes," said Mama.
"Just like that.
Now it's time
for your bath."

"¿Comen ellos así?"
Carlos picoteó la galleta
hasta que se le acabó.
"Sí", dijo la mamá.
"Así mismo, y ya es hora
de que tú te bañes".

Carlos played in the warm water.

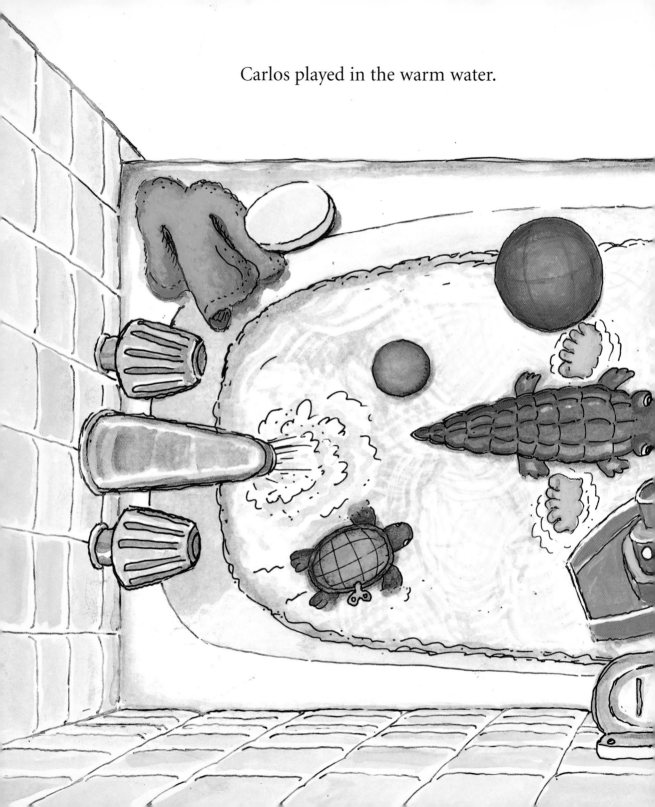

Carlos jugó en el agua tibia.

When he stepped out, he shivered.
"Are the little chicks cold now?"
"Yes, they are cold," said Mama.
She snuggled him in a towel
and pulled on his pajamas.

Cuando salió del agua, tembló de frío.
"¿Tienen frío los pollitos?"
"Sí, tienen frío", dijo la mamá,
y entonces lo envolvió en una toalla
y le puso la pijama.

"But, when little chicks
are cold, mother hen
cuddles them under
her wings," she said,
lifting Carlos onto her lap.

"Pero, cuando los
pollitos tienen frío,
la gallina los abraza
bajo las alas",
agregó la mamá
mientras levantaba
a Carlos y lo sentaba
en su regazo.

Little baby chicks say,
"Cheepie, cheepie, cheepie!"

Los pollitos dicen: "¡Pío, pío, pío!"

Mama began to hum, and Carlos yawned.
"Let's sing the little chickie song," he pleaded.
"Then all little chicks must say good night," she said.
They began to sing:

La mamá empezó a arrullar a Carlos, y él bostezó.
"Cantemos la canción de los pollitos", le suplicó él.
"Entonces todos los pollitos tienen que decir
buenas noches", dijo ella, y ellos empezaron a cantar:

Little baby chicks say,
"Cheepie, cheepie, cheepie!"

Los pollitos dicen: "¡Pío, pío, pío!"

When they're very hungry,

Cuando tienen hambre,

When they're very chilly.

Cuando tienen frío.

Mother hen is searching for some corn and wheat.

La gallina busca el maíz y el trigo.

She gives them their supper,

Les da la comida,

And she gives them shelter.

Y les presta abrigo.

Under wings so cozy—huddled altogether,

Bajo sus dos alas—acurrucaditos,

'Til another day dawns, little chickies slumber.

Hasta el otro día, duermen los pollitos.

"Good night my little chick."

"Buenas noches mi pollito".